LES OREILLES DU LIÈVRE.

Un animal cornu blessa de quelques coups
    Le Lion, qui, plein de courroux,
    Pour ne plus tomber en la peine,
    Bannit des lieux de son domaine
Toute bête portant des cornes à son front.
Chèvres, Béliers, Taureaux, aussitôt délogèrent;
    Daims et Cerfs de climat changèrent:
    Chacun à s'en aller fut prompt.
Un Lièvre, apercevant l'ombre de ses oreilles,
    Craignit que quelque inquisiteur
N'allât interpréter à cornes leur longueur.
Ne les soutînt en tout à des cornes pareilles.
« Adieu, voisin Grillon, dit-il; je pars d'ici;
Mes oreilles enfin seraient cornes aussi;
Et quand je les aurais plus courtes qu'une Autruche,
Je craindrais même encor. » Le Grillon repartit:
    « Cornes cela! Vous me prenez pour cruche!
    Ce sont oreilles que Dieu fit.
    — On les fera passer pour cornes,
Dit l'animal craintif, et cornes de licornes.
J'aurai beau protester; mon dire et mes raisons
    Iront aux Petites-Maisons. »

FABLES DE LA FONTAINE.

LE LOUP ET L'AGNEAU.

FABLES DE LA FONTAINE.

LE LOUP ET L'AGNEAU.

La raison du plus fort est toujours la meilleure ;
Nous l'allons montrer tout à l'heure.

    Un agneau se désaltérait
     Dans le courant d'une onde pure.
Un Loup survient à jeun, qui cherchait aventure,
    Et que la faim en ces lieux attirait.
« Qui te rend si hardi de troubler mon breuvage ?
    Dit cet animal plein de rage :
Tu seras châtié de ta témérité.
— Sire, répond l'Agneau, que Votre Majesté
    Ne se mette pas en colère ;
    Mais plutôt qu'elle considère
    Que je me vas désaltérant
      Dans le courant,
   Plus de vingt pas au-dessous d'elle ;
Et que, par conséquent, en aucune façon,
    Je ne puis troubler sa boisson.
— Tu la troubles ! reprit cette bête cruelle ;
Et je sais que de moi tu médis l'an passé.
   Comment l'aurais-je fait si je n'étais pas né ?
Reprit l'Agneau ; je tette encore ma mère.
  — Si ce n'est toi, c'est donc ton frère.
— Je n'en ai point. — C'est donc quelqu'un des tiens,
    Car vous ne m'épargnez guère,
   Vous, vos bergers, et vos chiens.
On me l'a dit : il faut que je me venge. »
    Là-dessus, au fond des forêts
    Le Loup l'emporte, et puis le mange,
    Sans autre forme de procès.

FABLES DE LA FONTAINE.

LE CORBEAU ET LE RENARD.

FABLES DE LA FONTAINE.

LE CORBEAU ET LE RENARD.

Maître Corbeau, sur un arbre perché,
    Tenait en son bec un fromage.
Maître Renard, par l'odeur alléché,
    Lui tint à peu près ce langage :
    « Hé! bonjour, monsieur du Corbeau,
Que vous êtes joli! que vous me semblez beau!
    Sans mentir, si votre ramage
    Se rapporte à votre plumage,
Vous êtes le phénix des hôtes de ces bois. »
A ces mots le Corbeau ne se sent pas de joie,
    Et, pour montrer sa belle voix,
Il ouvre un large bec, laisse tomber sa proie.
Le Renard s'en saisit, et dit : « Mon bon monsieur,
    Apprenez que tout flatteur
    Vit aux dépens de celui qui l'écoute :
Cette leçon vaut bien un fromage sans doute. »
    Le Corbeau, honteux et confus,
Jura, mais un peu tard, qu'on ne l'y prendrait plus.

FABLES DE LA FONTAINE.

LE LION ET LE MOUCHERON.

FABLES DE LA FONTAINE.

LE LION ET LE MOUCHERON.

« Va-t'en, chétif insecte, excrément de la terre ! »
C'est en ces mots que le Lion
Parlait un jour au Moucheron.
L'autre lui déclara la guerre :
« Penses-tu, lui dit-il, que ton titre de roi
Me fasse peur ni me soucie ?
Un bœuf est plus puissant que toi ;
Je le mène à ma fantaisie. »
A peine il achevait ces mots,
Que lui-même il sonna la charge,
Fut le trompette et le héros.
Dans l'abord il se met au large ;
Puis prend son temps, fond sur le cou
Du Lion, qu'il rend presque fou.
Le quadrupède écume, et son œil étincelle,
Il rugit. On se cache, on tremble à l'environ ;
Et cette alarme universelle
Est l'ouvrage d'un Moucheron.
Un avorton de Mouche en cent lieux le harcelle,
Tantôt pique l'échine, et tantôt le museau,
Tantôt entre au fond du naseau.
La rage alors se trouve à son faîte montée.
L'invincible ennemi triomphe, et rit de voir
Qu'il n'est griffe ni dent en la bête irritée
Qui de la mettre en sang ne fasse son devoir.
Le malheureux Lion se déchire lui-même,
Fait résonner sa queue à l'entour de ses flancs,
Bat l'air, qui n'en peut mais ; et sa fureur extrême
Le fatigue, l'abat : le voilà sur les dents.
L'insecte du combat se retire avec gloire ;

Suite de la fable du Lion et le Moucheron.

Comme il sonna la charge, il sonne la victoire,
Va partout l'annoncer, et rencontre en chemin
L'embuscade d'une araignée ;
Il y rencontre aussi sa fin.

Quelle chose par là nous peut être enseignée ?
J'en vois deux, dont l'une est qu'entre nos ennemis
Les plus à craindre sont souvent les plus petits ;
L'autre, qu'aux grands périls tel a pu se soustraire,
Qui périt pour la moindre affaire.

LE RAT DE VILLE ET LE RAT DES CHAMPS.

Autrefois le Rat de ville
Invita le Rat des champs,
D'une façon fort civile,
A des reliefs d'ortolans.

Sur un tapis de Turquie
Le couvert se trouva mis.
Je laisse à penser la vie
Que firent ces deux amis.

Le régal fut fort honnête,
Rien ne manquait au festin :
Mais quelqu'un troubla la fête
Pendant qu'ils étaient en train.

A la porte de la salle
Ils entendirent du bruit

Le Rat de ville détale ;
Son camarade le suit.

Le bruit cesse, on se retire :
Rats en campagne aussitôt ;
Et le citadin de dire :
« Achevons tout notre rôt.

— C'est assez, dit le rustique ;
Demain vous viendrez chez moi.
Ce n'est pas que je me pique
De tous vos festins de roi :

Mais rien ne vient m'interrompre ;
Je mange tout à loisir.
Adieu donc. Fi du plaisir
Que la crainte peut corrompre ! »

FABLES DE LA FONTAINE.

LE RAT DE VILLE ET LE RAT DES CHAMPS.

LE HÉRON.

Un jour, sur ses longs pieds, allait je ne sais où,
Le Héron au long bec emmanché d'un long cou :
    Il côtoyait une rivière
L'onde était transparente ainsi qu'aux plus beaux jours ;
Ma commère la Carpe y faisait mille tours,
    Avec le Brochet son compère.
Le Héron en eût fait aisément son profit :
Tous approchaient du bord ; l'oiseau n'avait qu'à prendre.
    Mais il crut mieux faire d'attendre
    Qu'il eut un peu plus d'appétit :
Il vivait de régime, et mangeait à ses heures.
Après quelques moments, l'appétit vint : l'oiseau,
    S'approchant du bord, vit sur l'eau
Des Tanches qui sortaient du fond de ces demeures.
Le mets ne lui plut pas ; il s'attendait à mieux,
    Et montrait un goût dédaigneux,
    Comme le Rat du bon Horace.
« Moi, des Tanches ! dit-il, moi Héron, que je fasse
Une si pauvre chère ! Et pour qui me prend-on ? »
La Tanche rebutée, il trouva du Goujon.
« Du Goujon ! c'est bien là le dîner d'un Héron !
J'ouvrirais pour si peu le bec ! aux dieux ne plaise ! »
Il l'ouvrit pour bien moins : tout alla de façon
    Qu'il ne vit plus aucun poisson.
La faim le prit : il fut tout heureux et tout aise
    De rencontrer un Limaçon.

    Ne soyons pas si difficiles :
Les plus accomodants, ce sont les plus habiles
On hasarde de perdre en voulant trop gagner.
    Gardez-vous de rien dédaigner,
Surtout quand vous avez à peu près votre compte.
Bien des gens y sont pris. Ce n'est pas aux Hérons
Que je parle : écoutez, humains, un autre conte ;
Vous verrez que chez vous j'ai puisé ces leçons.

FABLES DE LA FONTAINE.

LE HÉRON.

FABLES DE LA FONTAINE.

LE LOUP ET LA CIGOGNE.

Les Loups mangent gloutonnement.
Un Loup donc étant de frairie
Se pressa, dit-on, tellement
Qu'il en pensa perdre la vie :
Un os lui demeura bien avant au gosier.
De bonheur pour ce Loup, qui ne pouvait crier,
　　Près de là passe une Cigogne.
　　Il lui fait signe; elle accourt.
Voilà l'opératrice aussitôt en besogne.
Elle retira l'os; puis, pour un si bon tour,
　　Elle demanda son salaire.
　　« Votre salaire ! dit le Loup
　　Vous riez, ma bonne commère !
　　Quoi ! ce n'est pas encor beaucoup
D'avoir de mon gosier retiré votre cou !
　　Allez, vous êtes une ingrate :
　　Ne tombez jamais sous ma patte. »

FABLES DE LA FONTAINE.

LE LOUP ET LA CIGOGNE.

FABLES DE LA FONTAINE.

LE CHEVAL ET LE LOUP.

Un certain Loup, dans la saison
Que les tièdes zéphyrs ont l'herbe rajeunie,
Et que les animaux quittent tous la maison
    Pour s'en aller chercher leur vie;
Un Loup, dis-je, au sortir des rigueurs de l'hiver,
Aperçut un Cheval qu'on avait mis au vert.
    Je laisse à penser quelle joie
« Bonne chasse, dit-il, qui l'aurait à son croc !
Eh ! que n'es-tu mouton ! car tu me serais hoc ;
Au lieu qu'il faut ruser pour avoir cette proie.
Rusons donc. » Ainsi dit, il vient à pas comptés ;
    Se dit écolier d'Hippocrate ;
Qu'il connaît les vertus et les propriétés
    De tous les simples de ces prés ;
    Qu'il sait guérir, sans qu'il se flatte,
Toutes sortes de maux. Si dom Coursier voulait
    Ne point celer sa maladie,
    Lui Loup gratis le guérirait ;
    Car le voir en cette prairie
    Paître ainsi, sans être lié,
Témoignait quelque mal, selon la médecine.
    « J'ai, dit la bête chevaline,
    Une apostume sous le pied.
— Mon fils, dit le docteur, il n'est point de partie
    Susceptible de tant de maux.
J'ai l'honneur de servir nosseigneurs les Chevaux,
    Et fais aussi la chirurgie. »
Mon galant ne songeait qu'à bien prendre son temps,
    Afin de happer son malade.
L'autre qui s'en doutait lui lâche une ruade
    Qui vous lui met en marmelade
    Les mandibules et les dents.
« C'est bien fait, dit le Loup, en soi-même, fort triste :
Chacun à son métier doit toujours s'attacher.
    Tu veux faire ici l'herboriste,
    Et ne fus jamais que boucher. »

FABLES DE LA FONTAINE.

LE CHEVAL ET LE LOUP.

FABLES DE LA FONTAINE.

LE CHAMEAU ET LES BATONS FLOTTANTS.

Le premier qui vit un Chameau
S'enfuit à cet objet nouveau;
Le second approcha; le troisième osa faire
Un licou pour le Dromadaire.
L'accoutumance ainsi nous rend tout familier:
Ce qui nous paraissait terrible et singulier
S'apprivoise avec notre vue,
Quand ce vient à la continue.
Et puisque nous voici tombés sur ce sujet:
On avait mis des gens au guet,
Qui, voyant sur les eaux de loin certain objet,
Ne purent s'empêcher de dire
Que c'était un puissant navire.
Quelques moments après, l'objet devint brûlot,
Et puis nacelle, et puis ballot,
Enfin bâtons flottants sur l'onde.

J'en sais beaucoup de par le monde
A qui ceci conviendrait bien :
De loin, c'est quelque chose; et de près, ce n'est rien.

Imp. Pellerin & C.ⁱᵉ à Epinal. (Déposé) .P.V.

COLLECTION NOUVELLE

ALBUMS ILLUSTRÉS

FABLES DE LA FONTAINE Nº 1.
Id. id. Nº 2.

EN PRÉPARATION:

LES ROBINSONS SUISSES.
ROBINSON CRUSOÉ.
GULLIVER.

www.ingramcontent.com/pod-product-compliance
Lightning Source LLC
Chambersburg PA
CBHW061524040426
42450CB00008B/1772